Widmung

Dieses Buch widme ich all jenen, die auch mal fernab der Fernseh- und ZeitschriftenDESⒾnformationsindustrie ein Auge auf die Realität werfen und sich dieser nicht immer nur "treudoof" ergeben, sondern auch Vieles darin kritisch hinterfragen, was sie anschließend entweder an der Wahlurne oder durch ihr verändertes Konsum- und Finanzverhalten sträflich honorieren. Menschen, die auch mal über ihre persönlichen Bedürfnisse sowie sämtliche Ländergrenzen hinweg schauen, um die Gemeinsamkeiten zu entdecken, welche wir Menschen weltweit miteinander haben. Denn für die Unterschiede wird bereits reichlich durch wenige Machthungrige und Geistesgestörte sowie ihre Gehilfen aus Politik und Wirtschaft gesorgt. Die Spanne zwischen Armut und Reichtum, die Distanzen und Differenzen zwischen Kulturen und Religionen wurden größtenteils synthetisch geschaffen, um die Menschheit zu spalten, damit sie sich nicht in all ihrer Kraft gegen die Oligarchen und Berserker dieser Welt erhebt. Denn an sich wäre es nur ein Klacks, sie alle hinwegzufegen.

Aber unser Alltag besteht nicht nur aus politischem Geschehen und seinen Folgen, sondern hin und wieder beinhaltet er auch Tage im Jahr, an denen man zur inneren Besinnung kommt und gern einmal abschalten sowie entspannen möchte. Dazu gehört nicht nur das feiertägliche Beisammensein, sondern auch das Miteinander-fröhlich-sein-und-lachen! Auch hierfür und die ein oder andere kleine Philosophie habe ich in diesem kleinen Gedichtband ein wenig Raum gelassen.

Vielen Dank an meine Leser für das Interesse an meinen Reimereien. Ich hoffe, dass sie das Gefühl vermitteln, nicht allein zu sein mit seiner klaren Sichtweise und seinen sorgsamen Gedanken. Vielleicht erreiche ich aber auch einige Leser, die noch immer glauben, so wie es ist, könne es weiterhin bleiben. Drum lautet mein Appell: »Werdet munter, aber verliert dennoch niemals Euren Humor!«

Ich wünsche viel Vergnügen, Anregungen und Spaß beim Lesen!

Euer J4N 3HRT ☺

Impressum

Bibliografische Information der Deutschen Nationalbibliothek:
Die Deutsche Nationalbibliothek verzeichnet diese Publikation in der Deutschen Nationalbibliografie; detaillierte bibliografische Daten sind im Internet über http://dnb.dnb.de abrufbar.

Die gesamten Inhalte - außer der verwendeten Illustrationen und Bilder, zu welchen die entsprechenden Quellen im letzten Teil des Bandes genannt werden, und deren Verwendung nach Angaben der entsprechenden Bereitsteller sowie Urheber frei zur Verfügung gestellt wurden - sind urheberrechtlich geschützt. Deren weitere Verwertung in jeglicher Form unterliegt der exklusivrechtlichen Zustimmung des Verlags sowie der ausdrücklichen Genehmigung des Autors.

Autor:
© Jan Ehrt, 2016

Lektorat/Korrektorat:
Jan Ehrt

Typografie/Layout/Auswahl und
Zusammenstellung des Bildmaterials:
© Jan Ehrt, 2016

Bildmaterial:
gemäß Quellenverzeichnis, siehe Bandende

Herstellung und Verlag:
BoD - Books on Demand GmbH
In de Tarpen 42
22848 Norderstedt

ISBN: 978-3-7412-5177-1

Inhaltsverzeichnis

Seite 7	Frühlingsdrang
Seite 8	Merke!
Seite 9	Ei-gelocht
Seite 10	Der Herrentag
Seite 11	Umsatz, der zum Himmel fährt
Seite 12	Mutter werden ist schon schwer...
Seite 13	Dor Man'n'sfällor
Seite 14	Mansfällor Pfingschten
Seite 14	Hoch hinaus durch's Treppenhaus
Seite 15	Ohne Licht geh' pullern nicht
Seite 16	Morgenstund' macht reich und g'sund
Seite 17	Der Laubbläser
Seite 18	Alles Liebe zum Kindertag
Seite 19	Entschieden unentschied'ne Sache
Seite 20	HERBst
Seiten 21	RENNtneralltag
Seite 22 bis 23	Das Kartenspiel
Seite 23	Das bin ich!
Seite 24 bis 25	Manchmal, immer, niemals...
Seiten 26	Protest beginnt beim Essen
Seiten 27	Gauner müsst' man sein
Seite 28	QuWählerisch
Seite 29 bis 30	Gedanken, die ich trage
Seite 31	Television, ein Hohn
Seite 32	Wachgedanken
Seite 33	Der Weg ist nicht das Ziel
Seiten 34	Ick-Revolution
Seiten 35	Her...pssst-Gedicht
Seiten 36 bis 38	RAPolution
Seite 38 bis 39	Krieg ohne Sieg
Seite 40 bis 41	Dich auf meinen Händen
Seite 42	Der Erdbeervollmond
Seiten 43 bis 45	Halloween oder Hallo Wien?
Seite 46	Dreitag, der Freizehnte
Seite 47	Nik, dor Schuhbefüllor
Seite 48	Blendender AdBrennt
Seite 49	Diese verflixten Feuertage
Seite 50	Neuer Platz für altes Leid...
Seite 51	Draußen, tief... gaaanz tief im Wald
Seite 52	Silvesterknallen
Seite 53	Ein Reim zu Deinem Ehrentag

Abschließende Danksagung und Quellenverzeichnis.

Frühlingsdrang

*Der Frühling drängt den Winter
in seine kühle dunkle Kammer.
Im Sonnenscheine spielen Kinder
und auf hört jegliches Gejammer.*

*Der Frühling bringt das Grün
und all die schönen Blüten.
Die aller besten Blumen blüh'n,
ohne dass wir uns bemühten.*

*Den Frühling liebe ich so sehr,
spazieren geh'n und viel entdecken.
Spür' das Leben wieder mehr,
muss mich drinnen nicht verstecken.*

*Der Frühling, er erheitert mich,
erfüllt mich voller großem Glück.
Mein Frohsinn, er erweitert sich,
will den Winter nicht zurück!*

Merke!

(J4N 3HRT's Osterweisheit oder das kürzeste Ostergedicht)

*Das beste Eiversteck zum Suchen
ist und bleibt der Eierkuchen!*

Ei-gelocht

*Ich hab' ja Ostern immer schon so richtig voll gemocht,
doch einmal kam so 'n Golfspiel-Clown und hat die Eier eingelocht!*

*Man konnte ohnehin sie schon nur sehr schwer entdecken,
musst' noch der Chaotensohn in Mauselöchern sie verstecken?*

*Das Einz'ge was man seinerzeit an diesem Ostersonntag fand,
war'n Golfbälle in Überzahl, weil keiner mehr davon verschwand!*

*Die Löcher war'n ja vollgestopft mit uns'ren bunten Ostereiern,
drum mussten wir gezwung'nermaßen mit diesen Bällen Ostern feiern.*

*Doch dieses Jahr verstecke ich die Eier mal am Nürburgring.
Fänd' wieder ich die Eier nicht, wäre das ein dolles Ding!*

*Oder ist 's nicht etwa klug, wenn ich die Eier dort verstecke,
schließlich gibt 's kein einz'ges Loch auf der ganzen Asphaltstrecke!*

*Es gäb' auch noch die Solebäder, um die Dinger zu verstecken,
doch was für 'n Osterfest wär' das, wenn sie nach Soleeiern schmecken?*

*Ich bin gespannt, wie's dieses Jahr mit der Eiersuche wird,
die ersten beiden hab' ich schon, sie hängen unter meinem Shirt!*
☺

*Frohe Ostern überall und lasst die Eier gut verschwinden,
doch denkt auch unbedingt daran, Ihr wollt sie alle wiederfinden!*

Der Herrentag

(… oder Christi Pimmelfahrt)

*Ist heut' Vater- oder Männertag,
wer kann es mir denn mal erklären?
Was ich mich schon lange frag':
»Wie heißt es wohl, dies' Flaschenleeren?«*

*Muss <u>man</u>(n) sich fortgepflanzt einst haben,
oder gut aussehn' nur beim Sturz in' Graben?
Entscheidet das die Länge ihrer Glieder,
oder wie oft sie können… immer wieder?*

*Gilt das bloß für jene Männer,
welche Weiblein nur begehren,
oder auch für Männerkenner,
die dem Weibe sich verwehren?*

*Spiel'n das Alter eine Rolle,
der Bart sowie die Brustbehaarung?
Oder ist hier jeder Olle
ein Mann, gleich nach der ersten Paarung?*

*Egal, ich geh' zu dieser Feier,
denn an mir ist etwas dran,
es sind nämlich meine Eier,
die zum Vater machen und zum Mann!*

Umsatz, der zum Himmel fährt

(Eine Himmelsfahrt-Geschnäpsidee)

*Wisst Ihr, was ich mich so frag'?
Ist heut' Vater- oder Männertag?*

*Wie man ein Vater werden kann,
ist klar, das wissen wir wohl alle.
Doch ab wann ist man ein Mann,
das gilt wohl nicht in jedem Falle!*

*Saufen, schreien, blöde Sprüche
sind hierbei wohl kaum gefragt!
Cooler Gang und Schnapsgerüche,
eher widerlich und meist beklagt!*

*Frauengrabscher, Fußballkenner,
böse Autoraser, Alleskönner.
Das lässt uns keine Männer sein,
dafür gibt's auch keinen Schein!*

*Vater ist auch nicht gleich Mann,
weil man das leicht werden kann!
Bei Frauen gibt es nicht die Frage,
die ham hierfür zwei Feiertage!*

*Da kann ich überlegen wie ich will,
denn erraten werde ich's wohl nie.
Drum erkläre ich den Tag ganz klar*

ZUM TAG DER WEINBRANDINDUSTRIE!

Mutter werden ist schon schwer,
Mutter sein wohl noch viel mehr

*Allen Müttern auf der Erde,
die stetig sorgsam sind,
damit es glücklich werde,
das eine oder and're Kind...*

*allen Müttern in der Welt,
auch den Muttertieren,
für die nur eines zählt,
dass ihre Kinder Liebe spüren...*

*allen Müttern weit und breit,
die in all den vielen Jahren
fernhielten so manches Leid,
von dem, was schmerzvoll sie gebaren...*

*all diesen liebevollen Wesen
sei hiermit deutlich gesagt,
es war schon immer so gewesen,
IHR SEID EH UND JE GEFRAGT!*

*Und weil ich jede dieser mag,
gratuliere ich zum MUTTERTAG!*

Dor Man'n'sfällor

(Ein Mansfelder Mundartgedicht)

Wir Man'n'sfällor sinn knochenharte,
könn' klächen wie de Tiere,
erhol'n uns in dor Jartensparte,
janz oft, bis früh halb viere!

Am Wochenenge, off'm Tanze,
da wird jesoffen unn jeschlahn,
da jehn mer wüddor voll off's Janze,
da brochen mer erschd jar keen Plan!

Unn wemmer wüddor zu uns gommen,
wärd sich ordentlich benommen,
es Weib jesackt unn heem jeloofen,
jekotzt unn fert'ch jemacht zum Poofen!

Am nächsten Nachmittach erwacht,
wärd die Olle noch jekracht.
Teils abjefüllt unn teils entleert,
würd off dor Hacke umjekehrt.

Da mach' mer uns leis' off de Sohlen,
unn fangen an mit Wüddorholen!

Juten Durschd unn Glück auf!

Mansfällor Pfingschten

(Ein Mansfelder Mundartgedicht)

*Pfingschten is' aus meiner Sicht,
Röster reinschiem ins Jesicht!
Unn zur richt'chen Wohlichfühlung,
hingorher 'ne Gärbräuspülung!*

*De Sinne mal etwas betäum'
unn sich vor dor Arwääht sträum'!
Wenn dann dor Herr zu Bette jeht,
lasst hoffen, dass er aufersteht!*

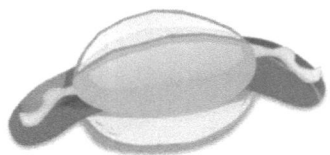

HOCH hinaus durch's TreppenHAUS

*Ich setz' mich in den Fahrstuhl rein,
denn ich will schnell oben sein.
Treppen steigen bei der Hitze,
nee, da kenn' ich bess're Witze.*

*Was wäre aber, blieb' ich stecken?
Dann würd' im Fahrstuhl ich verrecken!
So bleib' doch lieber ich hier unten,
wart' bis es kühl wird ein paar Stunden.*

*Während ich nun hier verweile,
mit sehr viel Zeit und ohne Eile,
fällt mir ganz überraschend ein,
im Hochhaus müsst 'ne Rolltrepp' sein!*

Ohne Licht geh' pullern nicht

*(Ein Hinweisgedanke zur Nacht,
von einem geprellten Kind!)*

*Wenn ich aufwach' in der Nacht,
find' ich oft den Schalter nicht,
sodass ich dann zu Boden krach',
denn im Dunkeln fehlt das Licht!*

*Hab' endlich ich ihn dann gefunden,
bin ich erst mal ganz zerrissen,
wenn ich sehe, all die Wunden,
und das nur, um mal zu pissen?*

*Wenn man die Folgen so betrachtet,
den Schmerz, den ich gespart mir hätt',
wird künftig weiter übernachtet
und pisst' ich dabei auch in's Bett!*

*Dann lieber lieg' ich seicht gebettet,
doch wohl erhalten, ohne Schäden,
wenn's Einlull'n mich gar davor rettet,
genäht zu wer'n mit ein'gen Fäden!*

Morgenstund' macht reich und g'sund

*Wenn ich morgens an mir runterseh',
kommt stets mir die Geschäftsidee...
den Stützstrumpf, ja den kennt man schon,
aber gibt es auch ein Stützkondom?*

*Vergesst ab nun die blauen Pillen
und alle wundersamen Spritzen...
es braucht auch keinen starken Willen,
das Teil wird stärken und auch schützen!*

*Ich werde glücklich sein und reich,
vermögen und potent zugleich,
das könnt Ihr alle mir ruhig glauben,
kann dann mir jeden Spaß erlauben!*

*Will's sogleich mal schnell entwerfen
und die "MÄNNschheit" damit schocken,
der Männer Libido enorm verschärfen,
sodass sie läuten, ihre Glocken!*

*Das Ding wird jede Ehe retten,
umsatzsteigernd verkauft man Betten,
die Geburtenraten werden wuchern,
Bordelle voll sein von Besuchern!*

*Manchmal braucht's ein Fünkchen nur,
ein' klitzekleinen Nutzgedanken,
schon steigt die Wirtschaftskonjunktur
und weist die Krise in die Schranken!*

Der Laubbläser

*Ein supertolles Handgerät,
mit dem von früh bis spät
ich Laub beiseite fege,
nur damit ich mich bewege!*

*Blas' es aus der Straßenrinne,
hinüber in die Hecke,
vom Fahrradweg hinweg,
in irgendeine and're Ecke.*

*Und hab' die Flächen ich dann frei,
kommt ein großer Bus vorbei,
erzeugt dabei gar so viel Wind,
dass die Wege wieder herbstlich sind!*

*Wie schön, dass man dies' Ding erfand,
das weise ich nicht von der Hand,
denn stellt Euch vor, das Laub vom Rasen
müsst man mit dem Mund wegblasen!*

Alles Liebe zum Kindertag

Der Kindertag, ein Tag wie jeder andere im Jahr?
Nein, es gibt Reichtum, Hungersnot und Tod sogar!
Gefeiert wird er allgemein, ohne hier zu unterscheiden,
dass manche Kinder glücklich sind, während and're leiden!

Drum wünsche ich für jedes Kind einen vollen Bauch,
mit Butter, Brot, Obst und Milch, aber Bonbons auch!
Sie sollen spielen, glücklich sein und rundum gesund,
ob schon größer oder klein… überall, zu jeder Stund'!

Kinder sind was uns erhält, heute schon wie morgen,
drum sollten sie allein es sein, worum wir uns sorgen!
Die Kleinen, die noch heute sich hilflos auf uns stützen,
werden morgen voller Kraft uns einmal beschützen!

Liebe Kinder überall, glaubt mir bitte, wenn ich sage,
Ihr seid das Wichtigste für mich, da gibt es keine Frage!
Seit geehrt und fühlt Euch wohl, entfaltet Eure Seelen,
lasst den Gedanken freien Raum, die Kindheit Euch nicht stehlen!

ALLES LIEBE ZUM KINDERTAG
ÜBERALL AUF DER WELT!

Entschieden unentschied'ne Sache

Manchmal muss ich ehrlich sagen
- und dabei kann ich mich nur fragen -
obwohl, eventuell auch nicht,
denn säh' man das aus and'rer Sicht,
so käme man zu neuem Schluss,
der jedoch nicht gelten muss!

Bis jetzt bin ich mir nicht so schlüssig,
Ideen gänzlich überschüssig,
was ich denn nun machen soll,
und dabei find' ich gar nicht toll,
dass ich mir nicht so sicher bin,
wo will ich denn nun wirklich hin?

So überlege ich noch heute,
in Entsagung jeder Freude,
während sich die Frage stellt:
»Liegt das alles nur am Geld?«
Doch plötzlich kommt mir die Idee,
dass ich jetzt alles anders seh'!

Also hab' ich fest entschieden,
das Überlegen wird vermieden,
denn da kann ich ewig grübeln,
also tut's mir nicht verübeln,
wenn ich Euch schlussendlich sage,
das Ganze war 'ne blöde Frage.

HERBst

Die Blätter, sie fallen, die Haare auch,
das Laub tut sich ballen, so wie der Bauch!

Das Wetter wird rauer, so wie die Haut,
man hat keine Power, im Gesicht wächst das Kraut!

Der Wind, er pfeift, gleich dem Tinnitus,
ein Bein, das schleift, doch das andere muss!

Kaum Vogelgezwitscher, gänzliche Stille,
lauf gegen 'nen Baum, das liegt an der Brille!

Und wenn es draußen leise nieselt,
als wenn's aus der Prostata pieselt,

sag' ich...

»Wenn Du schon nix erbst,
zumindest doch den Lebensherbst!«

RENNtneralltag

(Erfahrungsgedicht eines Großvaters)

*Nun habe ich mir so gedacht,
heut' halt' ich einfach mal den Schacht.
Doch dann kommt so 'ne Dummgestalt
und hätt' mich beinah' umgeknallt.*

*Na ja, nun lebe ich ja noch
und halte meine Klappe doch.*

*Obwohl, da war noch was, das störte,
und zwar der Typ, der sich empörte,
weil ich ihm fast ins Auto lief
und »Du dummes Arschloch!« rief.*

*Doch Ihr solltet dazu wissen,
ich hatt's eilig und musst' pissen!
Da hat man mal 'ne Durft in Not
und plötzlich fahrense ein' tot.*

*Drum bin ich statt dem Rumgehampel
für so 'ne Art von Eilig-Ampel!
Denn ist die Blase erst veraltet,
hat so man schnell auf Grün geschaltet!*

ES LEBE DIE MANUELLE VORFAHRT!

Das Kartenspiel

Ich kenne da ein Kartenspiel,
dort sind der Männer gar zu viel'!
Vier Damen nur, ein Dutzend Männer,
na welches Spiel ist's wohl, Ihr Kenner?

Vier Asse, die nur dümmlich stieren,
vier Könige, die nichts regieren,
die Joker sind hier rausgenommen,
sonst würd' man ja auf Rommé kommen!

Bauern gibt es nur beim Schach,
ich weiß das, denn ich bin vom Fach!
Ihr glaubt, es fehlt der schwarze Peter?
Also wirklich, dieses Spiel kennt jeder!

Es sind keine Eintrittskarten,
man steht nicht an und muss nicht warten!
Niemand würfelt, keiner dreht,
keiner fällt, der vorher steht!

Hierbei wird auch nicht geflirtet,
doch dafür ausgiebig gereizt,
und mit geheimnisvollen Blicken
wahrhaft keineswegs gegeizt!

Ihr wisst im Ernst noch immer nicht,
um welches Blatt es sich hier handelt...
bei der die richt'ge Reihenfolge
in einen Sieger Dich verwandelt?

Jetzt lüftet Euer Oberstübchen,
fehlen da nicht noch die Bübchen?
Doch sind das keine Musketiere,
das war'n drei und hier sind es viere!

*Der eine piquet die Damen
ganz ohne Geschmeichel,
der andere aus Altenburg
zeigt gerne seine Eichel.*

*Dann der gepiercte mit den Schellen,
gehört nicht grade zu den Hellen,
der Letzte, ja das ist kein Scherz,
bin ICH, ein Bube mit viel Herz!*

*Nun rat', nun rat'…
richtig, dieses Spiel heißt SKAT!*

Das bin ich!

*Ich bin der Krieger auf dem Felde,
der Liebhaber im Bett,
stark, nur wenn ich kämpfe,
doch wenn ich liebe, sanft und nett!*

*Ich bin der Fels im Weg des Feindes,
im Streit um Lohn und Recht,
die schützend starke Festung nur
bei Not im tobendem Gefecht!*

*Bin immer das, was nötig ist,
stets zur rechten Zeit,
jeweils das, was man so braucht,
zu allem fortwährend bereit!*

*Nicht ständig kühl und eisern,
nicht immer soft und nett,
sondern was gefragt ist
und wie SIE's gerne hätt'!*

Manchmal, immer, niemals...

Manchmal...

*glaubt man nicht, was man sieht,
obwohl's gerade doch geschieht,
versteht nicht, was man hört,
weil die Wahrheit daran stört!*

Manchmal...

*empfinden wir nicht, wie wir fühlen,
sitzen inmitten von zwei Stühlen,
von der Realität sehr abgewandt
schon mit dem Urteil in der Hand!*

Immer....

*ist unbedingt darauf zu achten,
die Dinge zweimal zu betrachten,
denn oftmals gibt erst der zweite Blick
ein glaubhaft wahres Bild zurück!*

Immer...

*brauchen wir erst reichlich Zeit,
für Verständnis und Erkennbarkeit!
Erst dann ist einem oftmals klar,
dass Vieles überzogen war!*

Niemals...

*darf man Strenge zu sehr leben,
ihr zu viel an Bedeutung geben!
Wird Dein Kopf vom Herz begleitet,
dann bist Du's, der klüger schreitet!*

Niemals…

*darf man einen Freund verlieren,
versuche ihn nicht zu studieren,
nimm ihn einfach wie er ist,*

nur dann erkennt er,

DASS DU WAS BESOND'RES BIST!

*Und ein solch ganz besonderer Mensch ist mein
lieber Freund Armin Kerkour.*

Protest beginnt beim Essen

*Aß eben Schokolad' mit Nüssen,
die in der Tat von Nestlé war,
werde sie ersetzen müssen,
durch Bio-Schoki, ist doch klar!*

*Ab heute acht' ich auf mein Essen,
schau immer drauf, woher es ist!
Es wär' gar wirklich sehr beschissen,
bekäm' mein Körper nur noch Mist!*

*Am besten wär', man macht es selber,
Sähen, Ernten, Kochen, Backen!
Bestellt ab heut' die eignen Felder,
und kann künftig besser kacken!*

*Der Dreck wird fortan boykottiert,
kauf' nur noch Bio-Milch- und Quark,
Chemiefraß wird nicht honoriert,
drum leb' ab heute ich autark!*

Gauner muss man sein

(Po[li/e]tisch inkorrekt)

Ein Gauner muss man sein,
mit falschem Titel in der Hand,
Volksvertreter nur zum Schein,
doch vom Volke abgewandt!

Autonom in eig'nen Sachen,
wortgewaltig, abgeklärt,
sparen nur beim Schwachen,
damit man selber besser fährt!

Grundgesetze, Paragraphen
braucht man nicht zu achten,
solange alle Bürger schlafen,
und noch nicht erwachten!

Ein Gauner sollt' man sein,
dann wär' der Weg gegeben,
als ganz verlog'nes Schwein
von Diäten fett zu leben!

Ganz autonom im eig'nen Kreis,
Minderheit mit Mehrverbrauch,
Bereicherung an fremdem Fleiß,
and're stehen auf'm Schlauch!

Wem von Euch das wirklich liegt,
der ist ganz klar dazu "verdammt",
wenn wirklich er ganz gut betrügt,
für 'nen Platz im Kanzleramt!

Doch da Ihr schlaft vor dem TV,
beim „Dschungel Camp" auf RTL,
weiß leider ich schon ganz genau,
vergesst Ihr diese Zeilen schnell!

QuWählerisch

*Ich hab' gewählt
und mich entschieden,
für das was zählt,
und so vermieden,
der Masse auf dem Fuß zu folgen,
so als gingen sie auf Wolken!*

*Ich hab' gewählt,
weil ich längst weiß,
ihr Verstand
liegt voll auf Eis!
Ihnen hinterherzujagen,
ist wie ein Zu-Grabe-tragen!*

*Wär' die Masse doch so klug,
und fiel ihr auf, der Volksbetrug,
verlör' ich all die Qualen,
die mich zweifeln lassen,
und aufgrund von deren Wahlen
zwingen, dieses Volk zu hassen!*

*Auf, auf Ihr müden Leute,
werdet endlich alle munter,
geh' sonst tatsächlich noch mit Euch...*

UND ZWAR ERBÄRMLICH UNTER!

Gedanken, die ich trage

*Alle wissen, wie es geht
und wie man es beendet.
Für keinen scheint es schon zu spät,
weshalb sich auch nichts wendet!*

*Sie warten lieber noch 'ne Weile,
denn grade läuft was im TV.
Der Frieden hat doch keine Eile
und Fernseh'n macht ja schlau!*

*Schmierblattleserwettbewerbe,
wer hat den Inhalt recht verstanden?
Dummgeschwall und Schöngefärbe,
doch Geistesreichtum nicht vorhanden!*

*Nacktfotos von jungen Mädchen
und Ergebnisse vom Sport,
zieh'n Leute in die Zeitungslädchen,
nicht Zeilen über Krieg und Mord!*

*Bin ich denn der Einz'ge hier,
dem das alles furchtbar stinkt,
während das Niveau der Menschen
bei Titten, Bier und Fernseh'n sinkt?*

*Verschaukelt werden, ausgenutzt,
missbraucht und hintergangen.
Das ist's, wozu Ihr noch taugt,
Ihr alle seid doch schon gefangen!*

*Ich nehme mir die Freiheit raus,
mich dem Ganzen zu entsagen,
genau das macht mich eben aus,
sich zu stellen, was zu wagen!*

*Mit der Bild wisch' ich den Hintern,
mit dem Spiegel mir die Nase!
TV, gemacht von Menschenschindern?
Dann lieber geh' ich auf die Straße!*

*Ihr könnt so bleiben, wie Ihr seid,
ich werde Euch nicht ändern.
Doch keinesfalls tut Ihr mir leid,
wenn Ihr fallt vor Euren Schändern!*

*Ich werde mich der Brut nicht beugen,
versprochen, darauf ist Verlass!
Ihr alle werdet dessen Zeugen,
und schürte das auch endlos Hass!*

*ICH STERBE LIEBER UNGEBEUGT,
DOCH EHRENVOLL UND STOLZ
ALS VOM SCHWACHSINN ÜBERZEUGT,
WEGEN EINEM KOPF AUS HOLZ!*

*AUF MEINEM GRABE WERDEN EINST
WUNDERVOLLE ROSEN SPRIESSEN,
BEI EUCH WIRD MAN WOHL LEDIGLICH
VIEL UNKRAUT KÖNNEN GIESSEN!*

Television, ein Hohn

Wenn ich so in's Fernsehen seh'
und durch meine Gedanken geh'
fühl' ich mich nicht unterhalten,
allenfalls im Kopf gespalten!

Nur Popstarsuche, Kochduelle,
Falschberichte auf die Schnelle,
Werbung für den Endverbraucher,
Politverbrecher, Untertaucher!

Das ist nur zum Haare raufen,
am Ende landet man beim Saufen,
kauft sinnlos das TV-Beworbene,
sogar Abo's für Verstorbene!

Das Fernseh'n macht mich dumm,
jetzt nehmt mir das nicht krumm,
ich verurteil' keine Fernsehgucker,
oder sonst'ge Blödsinnschlucker!

Klar, Alternativen gibt es kaum,
ehrliche Presse nur ein Traum,
drum lest zwischen all den Zeilen,
soll die Wahrheit Euch ereilen!

Lieber weise Zeilen Tag für Tag,
als Lügen nur für Pflichtbeitrag!
Möcht' lieber mit der Wahrheit leben,
als ständig an der Glotze kleben!

Wachgedanken

*Sitze hier und denke mir:
»Was machen, außer Lachen?
Zum Schweigen neigen?
Ein Akt der Feigen!
Dann doch lieber Flagge zeigen.*

*Etwas bewegen, allein anregen?
Keiner unterstützt, niemand nützt!
Im Stich gelassen von den Massen,
Spalten, kein Zusammenhalten.
Man ist allein, soll das so sein?«*

*Leider geht es so nicht weiter,
heftig beben, sich erheben!
Wer ruht, vergeudet Blut,
wer Morden duldet, Leben schuldet.
Bedenkt, was Ihr damit verschenkt!*

*Wer sich nicht rührt, Schmerz verspürt,
durch Akzeptieren dieser Viren.
Sich erlösen von dem Bösen,
das dreist regiert, ganz ungeniert.*

Wer sich ziert, der klar verliert!

Der Weg ist nicht das Ziel

*Ist unser Ende erst erreicht,
sehnt ein jeder sich zurück,
viel Elend, das nicht weicht,
keine Zukunft und kein Glück.*

*Ist das Ende unabwendbar,
dann hilft auch kein Erwachen,
Arme für die Reichen lenkbar,
einseitig gar dann das Lachen!*

*Wer weiterschläft und träumt,
ist kein bisschen zu bedauern,
wenn er sich aus'm Wege räumt,
wird niemand um ihn trauern!*

*Ich lenke meine Zukunft selbst,
nehm' die Zügel in die Hand,
ich schaffe eine bess're Welt,
erhalte mir mein Vaterland.*

*Für Frieden und Gerechtigkeit,
Freiheit und das Menschenrecht,
ist mir kein einz'ger Weg zu weit,
drum scheue ich auch kein Gefecht!*

*Wär' allein der Weg das Ziel,
lief man sich die Füße wund,
erreichen würde man nicht viel,
außer einen Kräfteschwund.*

*Der Weg ist nur der Pfad zum Ziel,
nicht die Summe allen Strebens,
nur so erreichen wir ganz Viel,
für die Werte uns'res Lebens!*

Ick-Revolution

(Versuchtes Berliner Mundart-Gedicht)

*Ick bin jejangen uff de Strasse,
sie war voll unn trotzdem leer,
ick schritt voran in vollem Brasse,
doch kam ma keener hinnaher!*

*Ick hab' jeschrien zu all die Leute,
foilcht ma, macht et so wie ick,
doch sie foilchte nich', die Meute,
sie kieckte nich' emal zurück!*

*Wisster wat ick nune mache?
Ick koofe ma 'n Schießjewehr,
tut üwa mir nur eener lache',
knall ick ihm die Rüwe leer!*

*Ick marschier' dann zur Rejierung,
ford're dort meen Menschenrecht,
ick lach' dann, wenn's ma jut jeh'n tut,
unn den anneren noch schlecht!*

Her...pssst-Gedicht

Ein Sonntag im November,
unbewölkt, sonnig, klar...
der Monat vorm Dezember,
in dem es kühler oft schon war.

Bunte Blätter auf den Wegen,
auf all den Weiden zarter Reif.
Stille, nichts tut sich bewegen,
sonst kam' Böhen, richtig steif!

Es ist sehr friedlich, alles ruht,
niemand eilt an diesem Morgen.
Solch ein Moment tut richtig gut,
nimmt alle Ängste, alle Sorgen.

Doch ein andrer Sturm der naht,
er ist nicht allzu weit mehr weg.
Das Heer des Proletariat
fegt die Verschwörer bald schon weg!

Die Korruption, der Hochverrat,
Bereicherung am eignen Volke,
haben ein Ende in diesem Staat,
hinweggeblasen wie 'ne Wolke.

Wir sind selbstbewusst und klug,
uns kann niemand unterdrücken.
Wir entzieh'n uns dem Betrug,
entscheiden selbst, aus eignen Stücken!

Die Welt muss neu geordnet werden,
doch nicht so, wie es die sich denken!
Wir nehmen unsren Raum auf Erden.
Die soll'n sich auf ein Loch beschränken!

RAPolution

(Ein Lied-Text)

1. Rhyme

Es ist nun tausendfach erwiesen,
dass Zeitschrift, Rundfunk lügen,
uns mit Scheißdreck übergießen,
uns verleumden und betrügen!

Jedem hier wird eingehämmert,
es sei unwahr, was ihm dämmert,
man lenkt gern ab und unterhält,
erobert hintenrum die Welt!

Die breite Masse fällt drauf rein,
lässt sich auf die Spielchen ein,
während das System drauf setz,
dass jeder gegen jeden hetzt!

Es wird in links und rechts gespalten,
in Gläubigen und Atheist,
und alle, die sich dumm verhalten,
glauben dabei jeden Mist!

Refrain:

Finanzieller Reichtum bildet keine Macht.
Auch wenn die noch die Strippen zieh'n,
so haben die nicht recht bedacht...

wir sind Verschwörern auf der Spur
und stricken nicht bloß Theorien,
wir machen's uns zum großen Schwur,
dafür in den Kampf zu zieh'n!

*Wir recherchier'n und hinterfragen,
was Ihr uns glaubhaft machen wollt,
wir lassen uns nichts länger sagen,
WIR sagen, was IHR machen sollt!*

2. Rhyme:

*Längst steh'n Pläne und Konzepte,
wir wissen durchaus, was wir tun,
und Eure Fernseh-Kochrezepte
lasst mit Euren Hoffnung' ruh'n!*

*Auch wir bestehen aus Gelehrten,
tragen Weisheit, Wissen, Empathie,
sind die von Lügen Unversehrten,
erliegen Eurem Wahnsinn nie!*

*Folgen uns'rem Drang nach Würde,
nach Freiheit und Demokratie!
Beugen uns nicht Eurer Bürde,
ergeben uns dem Zwange nie!*

*Gebt auf und legt die Waffen nieder,
Ihr seid enttarnt, seid abgelehnt!
Das Volk erhebt sich endlich wieder,
hat sich nach Eurem Fall gesehnt!*

Refrain:

*Eure dicken Konten bilden keine Macht.
Auch wenn Ihr noch die Strippen zieht,
habt Ihr zuletzt noch nicht gelacht!*

*Wir sind Verschwörern auf den Fersen
niemand strickt hier Theorie,
wir liefern Euch die Kontroversen
zwing'n damit Euch auf die Knie!*

*Wir recherchier'n und hinterfragen,
was Ihr uns glaubhaft machen wollt,
wir lassen uns nichts länger sagen,
WIR sagen, was IHR machen sollt!*

Krieg ohne Sieg

(Ein Lied-Text)

1. Strophe

*Ich sehe Häuser, menschenleer,
auf den Straßen läuft keiner mehr,
alles hier… es scheint verlor'n!*

*Ich sehe Panzer, Schützengewehr,
niemand hier bedient sie mehr,
der Kampf, er scheint, scheint verlor'n!*

*Zertrümmerte Stadt, zerstörte Gassen,
Fahrzeuge platt und alles verlassen,
als wäre hier… nie jemand gebor'n.*

*Menschen vertrieben oder entmachtet,
zurückgeblieben oder abgeschlachtet,
Kinder in Kälte… einfach erfror'n!*

Refrain

*Ich seh' hier nur Leid,
Tod, Verderben und Einsamkeit,
geriet denn die Liebe in Vergessenheit,*

in Vergessenheit?

Hat denn niemand gespürt,
wozu das alles führt,
dass man Kriege nicht gewinnen kann,
sondern nur verliert... und dann...

ja, was ist dann?

2. Strophe

In mir spüre ich nur Leid,
Verzweiflung, Angst und Einsamkeit,
warum hat niemand... reagiert?

Kein Herzschlag mehr, kein Wimpernschlag,
wirklich alles entzwei, kahl und so karg,
warum ist das denn... bloß passiert?

Gebiete erobern, Festungen bau'n,
getötete Männer, vergewaltigte Frau'n,
im Namen Gottes... ganz ungeniert!

Dieser "Gott" sitzt im Weißen Haus,
schaut nicht mal zum Fenster raus,
von Milliardären... gut trainiert!

Refrain

Ich seh' hier nur Leid,
Tod, Verderben und Einsamkeit,
geriet denn die Liebe in Vergessenheit,

in Vergessenheit?

Hat jeder denn gewollt,
dass es dazu kommt,
jeder gegen jeden kämpft,
und alles hier zerbombt...

ja, alles hier zerbombt!

Dich auf meinen Händen...

(Ein Lied-Text)

1. Strophe

*Ich frage mich, was Du jetzt wohl machst,
ob Du oft traurig bist, oder viel lachst?
Doch werd' ich es wohl nie erfahr'n,
weiß nur noch, dass wir einmal sehr glücklich war'n!*

*Nun sitz' ich hier und denk' drüber nach,
wie schön's mit Dir wär und ich bleib' noch lang' wach,
denk' nur noch an Dich, doch kann Dich nicht spür'n,
möchte Dich so gern nochmal berühr'n!*

Refrain

*Dich auf meinen Händen durch Dein Leben zu tragen,
fiel mir gar nicht so schwer,
lass mich Dir jeden Tag auf's Neue sagen,
ich liebe Dich so sehr...*

immer meeeheeheeheeheer!

2. Strophe

*Vor mir liegt ein Bild von Dir,
hast Du eigentlich noch eins von mir?
Du hattest mich doch einst so geliebt,
ich wüsst' so gern, ob's diese Liebe noch gibt?*

*Lass uns erleben, wovon andere nur träumen,
lass uns all die Ängste und die Zweifel ausräumen!
Denk' nur noch an Dich, doch Du bist nicht hier,
und mir ist, als ob ich erfrier'!*

Refrain

*Dich auf meinen Händen durch Dein Leben zu tragen,
fiel mir gar nicht so schwer,
lass mich Dir jeden Tag auf's Neue sagen,
ich liebe Dich so sehr…*

immer meeeheeheeheeheeer!

Der Erdbeervollmond

(Zum Erdbeervollmond am 20. Juni 2016)

Bei vollem Monde wandle ich
zu einem Werwolf manchmal mich.
Dann zieh' ich los und reiße Beute,
vielleicht wirst Du zu dieser heute!

Knoblauch hilft Dir nicht vorm Tod,
auch Silber nicht in Deiner Not.
Dagegen bin ich voll immun,
somit kannst Du gar nichts tun!

Nur eines würd' ich gerne wissen,
womit werd' ich rechnen müssen?
Mit welchem Brennwert, welchem Fett,
und bände beides mich ans Bett?

Bist Du geimpft, voll von Chemie,
eventuell schluckst Du noch Pillen?
An Dir zu sterben, schon so früh,
entspräche gar nicht meinem Willen!

Ja auch als Werwolf ist es schwer,
gesunde Kost für sich zu finden,
drum wünsche ich mir immer mehr,
der Vollmond würd' verschwinden!

Ich wollt', dass Würmer und Insekten
mir so wie dem Werwurf schmeckten,
doch anstatt jetzt hier zu fluchen,
probier' ich's mal mit Erdbeerkuchen!

Halloween oder Hallo Wien?

(Eine mögliche Entstehungsvariante dieses Brauchtums)

*So'n Typ, der einst aus Ir(r)land kam
und 'n Kürbis mit sich nahm,
fuhr aufs Festland, nach Berlin,
das glaubte er, doch es war Wien!*

*Nun stand er da, das Geld war alle,
riesig groß die Bahnhofshalle,
Berlin weit weg, die Heimat auch
und er hatte nichts im Bauch.*

*Doch plötzlich fiel ihm ein,
er war dort keineswegs allein,
der Kürbis war ja auch noch da
und den zu essen, das lag nah.*

*Also höhlte er ihn aus,
nahm sein Innerstes heraus,
aß den ganzen Inhalt auf,
und schon nahm alles seinen Lauf.*

*Langsam wurd' es Nacht
und die Halle schaurig leer,
es war grus'lig so allein,
drum musst'n Partner her!*

*Da sah er sich die leere Hülle
von dem Kürbis näher an,
und ihm fiel ein, dass daraus wohl
'nen Kumpel er sich schaffen kann!*

*Somit war's nach kurzer Zeit
auch recht schnell geschehen,
dass der Kürbis lächeln konnt',
riechen und auch sehen.*

*Doch da dacht' der Irrlandmann,
wenn Freunde selbst man schaffen kann,
dann lassen wir sie helle sein
und baut' ihm glatt 'ne Kerze ein.*

*Da saßen sie in finst'rer Nacht,
der Wärter, der dort hatt' gewacht,
traute seinen Augen nicht...
ein von innen leuchtendes Gesicht?*

*Wie gruselig's wohl doch
dem armen Wärter war,
so spricht man heute noch,
von alldem Jahr für Jahr!*

*Bis heute lautet die Geschicht',
dass der Teufel Dich ersucht,
grüßt Du die Stadt bei Ankunft nicht,
bist auf ewig Du verflucht!*

*Tja... und daher kommt es nun,
dass alle immer grüßen tun!*

*Nach langer Reis' dort angekommen,
im Bahnhof dort erst grad' erschien',
sagt nun ein jeder wie benommen:
»Ich grüß' Dich herzlichst, HALLO WIEN!«*

*Der gute Mann verfehlte wohl,
wegen einem Missgeschick,
sein Reiseziel, die Stadt Berlin,
um ein gewaltig großes Stück!*

*Nun stell Dir vor, der Ir(re)länder
hätt die Zeitachse beachtet,
so hätt' mit seinem Kürbis er
in Wien doch niemals übernachtet!*

*Dann wär' der Bahnhofswärter Wiens
auf den Ir(re)länder nie getroffen.
Hieß dann das Fest... "Hallo Berlin"?
Das bleibt wohl nun für immer offen!*

*Dies erklärt uns allen auch,
wieso, weshalb, warum,
stellt zweimal man im Jahre wohl
all seine vielen Uhren um?*

*Na damit die irren Leut'
aus dem alten England Nord,
seither ankommen bis heut',
an dem gewünschten Ort!*

*Ja so hieß dies' Land vorher,
doch irrten da so viel umher,
da hat man einfach kurzer Hand,
England Nord... Irr-Land genannt!*

Dreitag, der Freizehnte

*Am Freitag, den Dreizehnten,
ist mir wieder nichts passiert,
kein Pech gehabt und keinen Grusel,
bei dem das Blut gefriert.*

*Am Freitag, den Dreizehnten,
hatt' ich sogar großes Glück,
ich fiel aus dem 2. Stock
und kein Wehwehchen blieb zurück!*

*Am Freitag, den Dreizehnten,
war überhaupt nichts unnormal,
außer wohl vielleicht der Akt,
dass man mir mein Fahrrad stahl.*

*Doch das jetzt gleich als Pech zu sehen,
darauf hab' ich keinen Bock,
wer braucht schon sein Mountainbike
beim Fallen aus dem zweitem Stock?*

Nik, dor Schuhbefüllor

(Ein Mansfelder Mundartgedicht)

*Meene Stäwweln sinn jefüllt,
zum Entleeren ich jewillt,
ich leer' ooch meinem Weiblein ihre,
so sinn es dann schon ihre viere!*

*Oh Herr je, was für'n Müll!
Musst' er mit Süßem sie befüllen?
Weiß der denn nich', was ich will?
Ich hätte liwwor was zum Grillen!*

*Duschgel durfte ja nich' fehlen,
so, als würd' ich furchtbar stinken,
doch Befeuchtung für die Kehlen,
jab es keene, nüschd zum Trinken!*

*Hätte Nik mal nachjedacht
unn Weinbrandbohnen mich jebracht,
ein Schwein vorm Schlitten und Pralin',
tät auf ewich ich ihn liem!*

Blendender AdBrennt

*Ohaaa, ich hab' mich wohl verzählt,
sechs Kerzen hat mein Kranz!
Wieso hatt' ich den ausgewählt?
Etwas stimmt mit mir nicht ganz!*

*Weil wohl im November ich
das Adventieren schon begann?
Na ja, so schlecht ist das ja nich',
ich fange halt gerne früher an!*

*Advent, Advent… die Lichtlein brennen,
ich zünd' sie alle an… ganz schnell,
man wird mich auch im All erkennen,
sechs Kerzen sind ja ziemlich hell!*

*Vermutlich dachte ich ganz schlau,
wenn ich den Kranz extrem erhell',
dann findet mich in meinem Bau
der Weihnachtsmann ganz schnell!*

*Doch eines hatt' ich nicht bedacht,
es ist längst nicht Heil'ge Nacht!
Vielleicht werd' ich schon heut' beschert,
denn immerhin bin ich es wert!*

Geschenke für Jan

Diese verflixten Feuertage

(Ein Gedicht zum Adbrennt)

*Hab' den Advent doch gar verpennt
und jetzt weder Kranz noch Kerzen!
Da das Weib nun auch noch flennt,
bekommen meine Ohren Schmerzen!*

*Schnell in den Wald hineingeflitzt,
das Taschenmesser mitgenommen,
ein paar Zweig' herabgeschnitzt,
bloß die Kerzen nicht bekommen!*

*So flocht' ich erst einmal den Kranz,
doch fehlen ihm noch seine Lichter.
Mir selbst gefällt er voll und ganz,
die and'ren machen Langgesichter.*

*Kennt Ihr die Kerzen, diese fetten?
Die glimm'n doch nur so vor sich hin!
Drum dreh' ich welche aus Servietten!
Was meint Ihr wohl, wie hell die sin'!*

*Dass die gut brennen, könnter wetten,
gar lichterloh und herzerwärmend,
doch wenn dann die Sirenen flennen,
wird es auch bloß wieder lärmend!*

*Es nützt nichts, wenn ich hier jetzt fluche,
hab' ja demnächst NOCH drei Versuche!*

Neuer Platz für altes Leid, jedes Jahr zur Weihnachtszeit

Erst eben kam mir der Gedanke,
zur Weihnacht fahre ich mal weg,
damit ich endlich mal erschlanke,
fern ab von aller Wurst und Speck!

Doch völlig hin- und hergerissen
hab' ich mir rasch überlegt,
ich gönne mir noch einen Bissen,
denn bald wird sich ja viel bewegt!

Oft wandern werde ich im Wald,
dabei verlier' ich viel Gewicht,
sodass ich mager bin schon bald,
durchleuchtet werd' von jedem Licht!

Hab' ich dann viel Platz geschaffen,
fahr' ich schnell wieder nachhause,
werd' den Magen mir vollraffen,
bei 'ner fetten Fressenssause!

Drum werde ich mich strapazieren,
ob Ihr es glaubet oder nicht,
um mich im Fressen zu verlieren,
bis ich es hab', mein Altgewicht!

Draußen, tief... gaaanz tief im Wald

*Der Weihnachtsbaum ist nun geschmückt,
mit glänzend buntem Schmuck verziert,
ich bekomm' ihn nur kein Stück gerückt,
's wird kalt, ich merk' schon, wie es friert!*

*Da hat man nun 'nen Baum gefunden
und jede Kleinigkeit bedacht,
sich beim Schmucktragen geschunden,
doch keine Säge mitgebracht!*

Silvesterknallen

*Uuups, jetzt hatt' ich glatt vergessen,
geknallt wer'n darf erst mitternacht,
doch warf ich gänzlich wie besessen,
mir Linsensuppe in den Schacht!*

*Nun knallt es gar schon viel zu früh,
ich halt' die Backen echt zusammen,
doch trotz all meiner Liebesmüh'
entweichen meinem Arsche Flammen!*

*Jetzt breche ich die Festtagsregel,
lautstark macht mein Bauch sich Luft,
ein arpeggiater Lärmespegel
verpestet schon die Neujahrsluft!*

*So hatt' ich mir doch vorgenommen,
das Neujahr herzlichst zu begrüßen,
doch bin vom Weg ich abgekommen
und tret's am Anfang schon mit Füßen!*

*Ohhh, was geht es mir wohl schlecht,
wenn das neue Jahr sich rächt!
Drum ist mir eines jetzt schon klar,
es wird wohl wie das letzte Jahr!*

*Und wer noch keine Linsen aß,
der möge Heringssalat essen!
Der knallt nicht so, hat wen'ger Gas,
und 's Neujahr ist von Euch besessen!*

Ein Reim zu Deinem Ehrentag

(Geburtstagsreim für einen befreundeten Band-Musiker)

*Erst neulich war es ich, der jährte,
und kurz darauf erwischt es Dich.
So ist das hier auf uns'rer Erde,
auch die Guten schont sie nich'!*

*Nur Musik kann da verhindern,
dass man viel zu schnell verlebt.
Wundersame Klänge mindern,
den Verfall, der an ein' klebt!*

*Denk' nicht nach über die Zeit,
welche bisher schon verging!
Klag nicht über jedes Leid,
mache einfach nur Dein Ding!*

*Hab' ganz viel Spaß, egal wobei
denn bist Du erst mal steif und kalt,
sind alle Chancen längst vorbei,
dann wird der Deckel zugeknallt!*

*Mein großes **D A N K E** an dieser Stelle gilt all den guten Freunden und Bekannten, welche mich dazu ertüchtigten, diese Gedichte-Sammlung zu veröffentlichen!*

Viele dieser Reime entstanden abhängig von meiner jeweiligen Tagesform und meinem entsprechenden Gemütszustand. Immer, wenn mich was bewegte, schrieb ich es mir von der Seele, manchmal auch frei von der Leber, je nachdem, worauf es gerade drückte. Dabei war es immer wieder ein tolles Erlebnis, nachdem gute Freunde es gelesen und bewundert sowie gelobt hatten, zu entdecken, in wie vielen Dingen wir uns miteinander im Konsens befinden. Ich bin also nicht allein mit meinen Gedanken, Gefühlen und meiner Einstellung zu alldem, was da draußen in der weiten Welt geschieht.

Mein ganz besonderer Dank gilt jedoch zwei Damen, die mich immer wieder dazu "drängten", diese sich ansammelnden Werke zusammenzutragen und als Gedichtband zu veröffentlichen.

A N M E I N E E H R (T) E N W E R T E N D A M E N . . .

Kathleenchen Schaffhäuser *(Witek)*

und

Susannchen Fehse*,*

habt allerherzlichsten Dank für Euren Zuspruch, Eure Anstöße und die großartigen Freundschaften mit Euch beiden!

Euer J4Nilein! ☺

Quellenverzeichnis

Vielen lieben Dank auch an die Urheber für die kostenfreie Bereitstellung ihrer tollen Bildmotive, Clip Arts und Muster, mit welchen ich hierin meine Gedichte ausschmückte und bildlich untermalte!

Dazu gehören...

Wikimedia

sowie

ClipartPanda

...

Cliparting

und

OpenClipart.

Rechtlicher Hinweis

Es gibt keinen, denn die Wahrheit ist immer im Recht! Natürlich wird ihr stets angetragen, sie sei subjektiv, aber wer meint, dass die Hungersnot, all die Kriege und Verschwörungen in dieser Welt nicht stattfänden, der sollte sich selbst unbedingt mal etwas objektiver betrachten! ☺ J4N 3HRT

KREY
gebäude- & grundstück-management
www.krey-management.de

Etwas Reklame für Freunde, die ich guten Gewissens weiterempfehlen kann!

ERHÄLTLICH BEI:

DEUSSL LP
KATHRIN KREY
TEL.: 01520 86814 34
06295 EISLEBEN

Kaffeehaus Siebenhüner

- täglich frische Spezialitäten aus dem altdeutschen Steinbackofen
- Kuchen und Torten je nach Wunsch
- Eis aus hauseigner Produktion

Öffnungszeiten Café:
Di-So 14.00-18.00 Uhr

Öffnungszeiten Laden:
Di-Fr 07.00-13.00 Uhr
14.00-18.00 Uhr
Sa 08.00-11.00 Uhr

**Pölsfelder Straße 63
06542 Allstedt - OT Pölsfeld
Tel. 03464/582049**
www.kaffeehaus-siebenhuener.de

Weitere Veröffentlichungen des Autors Jan Ehrt…